Les compliments pour « La Journée Chargée de la Petite Chienne »

Praise for "*Doggy's Busy Day*"

« Comme le grand-père de neuf enfants, J'ai constamment un jeune enfant qui supplie pour une histoire. Le livre de Jayne Flaagan «La journée chargée de la petite chienne » a été un succès, non seulement la lecture à haute voix, mais aussi l'interaction avec les questions qu'elle fournit. J'aimerais que tous les livres pour les enfants utilisent un format similaire. C'est un excellent cadeau aussi. Cinq étoiles! » ~ Mike Lewis

"As the grandfather of nine, I have a young child in my lap constantly begging for a story. Jayne Flaagan's book "*Doggy's Busy Day*" has been a hit, not only reading it aloud, but interacting with the questions she provides. I wish all children's books would use a similar format. A great gift, too. Five stars!" ~ Mike Lewis

«Un beau livre pour les enfants qui les emmène dans une aventure avec Ella, la chienne. En raison du format et les questions posées, il est aussi interactif comme l'on peut avoir dans un livre. Les enfants peuvent partir à l'aventure avec Ella du fait qu'ils peuvent se voir dans l'histoire. Que le jeune lecteur possède un chien ou non, c'est un livre charmant qui va apporter de la joie à beaucoup de jeunes cœurs. "~ Christiana Caeliss, Caolas

"A sweet book for children that takes them on an adventure with Ella the dog. Because of the format and the questions asked, it as interactive as one can have in a book. Children can go on an adventure with Ella as they can see themselves right in the story. Whether the young reader has a dog or not, this is a delightful book that will bring joy to many young hearts." ~ Christiana Caeliss

"Le livre de Jayne Flaagan « La journée chargée de la petite chienne » est un charmant régal visuel, en incluant la photogénique husky, Ella. Rempli de photos en couleurs en pleine page d'Ella dans de nombreuses et adorables poses, le livre demande aux jeunes lecteurs de remarquer les similitudes entre le chiot et eux-mêmes. Ce livre est sûr d'être demandé à plusieurs reprises par un enfant." ~ Hiyaguha Cohen

"Jayne Flaagan's book "*Doggy's Busy Day*" is a charming visual treat, featuring the photogenic husky, Ella. Filled with full-page color photos of Ella in numerous lovable poses, the book asks young readers to notice the similarities between the pup and themselves. This book is sure to be requested over and over by any child." ~ Hiyaguha Cohen

Parce qu'on vous apprécie tant que lecteur,
S'il vous plaît acceptez nos cadeaux pour vous, y compris ...

- Un lien pour recevoir le livre audio GRATUIT : « ***Doggy's Busy Day.*** » (http://ellathedoggy.com/wp-content/uploads/2016/01/DoggyFindsHerBone-audio-track.mp3)
- Des pages GRATUITES d'Ella pour les imprimer et les colorier. (http://ellathedoggy.com/wp-content/uploads/2015/04/coloring-pagespdfapirl17pdf.pdf)

Because we appreciate you as a reader,
please accept our gifts to you, which include…

- A link to receive a FREE audio book of ***"Doggy's Busy Day"*** (http://ellathedoggy.com/wp-content/uploads/2016/01/DoggyFindsHerBone-audio-track.mp3)
- **FREE** coloring pages of Ella to print and color **(http://ellathedoggy.com/wp-content/uploads/2015/04/coloring-pagespdfapirl17pdf.pdf)**

Copyright © 2014 Jayne Flaagan
Design de la couverture © 2014 Jayne Flaagan
Photos par Jayne Flaagan

© 2014 Jayne Flaagan Cover Design
© 2014 Jayne Flaagan,
Photography by Jayne Flaagan

Aucune partie de cette publication ne peut pas être reproduit, en tout ou en partie, ou stockée dans un système de récupération ou transmise sous quelque forme ou par tous moyens, électronique, mécanique, photocopie, enregistrement ou autrement, sans la permission écrite de l'auteur.

No part of this publication may be reproduced in whole or in part, or stored in a retrieval system, or transmitted in any form or by any means, electronic, mechanical, photocopying, recording or otherwise, without written permission of the author.

« La journée chargée de la petite chienne » est dédiée à ma famille,
qui a encouragé Ella à agir d'une manière exagérée pour les illustrations dans ce livre.

"*Doggy's Busy Day*" is dedicated to my family, who helped encourage
Ella to "ham it up" for the pictures included in this book.

Jayne Flaagan a environ 30 ans d'expérience et de formation en Éducation des Enfants. Elle reçoit beaucoup de joie et de satisfaction pour travailler dans ce genre. Flaagan a grandi dans le Dakota du Nord et a déménagé au Minnesota depuis de nombreuses années. Elle vit avec son mari et une chienne nommé Ella. Elle a également trois enfants adultes.

Jayne Flaagan has over 30 years of experience and education in Early Childhood Education.
She receives much joy and satisfaction working in this genre. Flaagan grew up in
North Dakota and made the big move to Minnesota many years ago.
She lives with her husband and a goofy dog named Ella. She has three grown children.

Le site web de Jayne Flaagan c'est: www.ellathedoggy.com

Jayne Flaagan's web site is: www.ellathedoggy.com

Vous pouvez la joindre sur djflaagan@gra.midco.net

You can contact her at djflaagan@gra.midco.net

Ceci est Ella la Chienne.

Elle a deux yeux. Elle a deux oreilles.

Elle a un nez. Elle a une bouche.

Juste comme toi.

This is Ella the Doggy.

She has two eyes. She has two ears.

She has one nose. She has one mouth.

Just like you.

Ella a quatre pattes et une queue.

Combien de pattes as-tu?

As-tu une queue?

Ella has four legs and one tail.

How many legs do you have?

Do you have a tail?

Lorsque Ella se réveille le matin, elle fait des étirements!

Comment tu te sens lorsque tu t'étires?

When Ella wakes up in the morning, she gives herself a very big stretch!

How does that feel when you stretch?

Ella a très faim quand elle se réveille, et donc elle se prépare pour le petit déjeuner.

Ella está tan hambrienta que se lame los labios.

¿Tú usas un babero cuando comes?

Ella is very hungry when she wakes up, so she gets ready for breakfast.

She is so hungry, she is licking her lips.

Do you wear a bib when you eat?

Parfois Ella s'assied et demande de la nourriture.

Elle ne peut pas dire «s'il vous plaît» parce que les chiens ne peuvent pas parler.

Que dis-tu quand tu veux quelque chose?

Sometimes Ella will sit up and ask for food.

She cannot say "please" because doggies cannot talk.

What do you say when you want something?

Ella mange son petit déjeuner dans un bol blanc.

Le bol est tout mâché parce qu'elle a des dents pointues et elle aime jouer avec lui.

Ella eats her breakfast from a white bowl.

The bowl is all chewed up because she has sharp teeth and she likes to play with it.

Les chiens boivent beaucoup d'eau aussi.
Ella boit d'un bol bleu.
Qu'est-ce que tu utilises pour boire de l'eau?

Doggies drink lots of water too.
Ella drinks from a blue bowl.
What do you use to drink water?

Ella va se promener.
Elle est très excitée!

Ella is going on a walk now.
She is very excited!

Elle aime marcher à l'extérieur dans l'air frais.

Quel sport fais-tu pour devenir grand et fort?

She loves to walk outside in the fresh air.

What do you do to exercise so you can grow big and strong?

Même quand il fait froid dehors, Ella prend une promenade.

Y a-t-il la neige où tu habites?

Even when it is cold outside, Ella takes a walk.

Do you have snow where you live?

Après sa promenade Ella est fatigué, donc elle prend une sieste au soleil.

Où prends-tu du repos?

After her walk Ella is tired, so she naps in the sun.

Where do you rest?

Ella est triste en ce moment.

Elle veut quelqu'un pour jouer avec.

Ella is sad right now.

She wants someone to play with.

Maintenant, Ella est heureuse parce qu'elle voit un ami!

Comment est ton visage quand tu es triste?

Comment est ton visage quand tu es heureux?

Now Ella is happy because she sees a friend!

What does your face look like when you are sad?

How does your face look when you are happy?

Ceci est Ella quand elle était petite.
Elle joue avec son amie Daisy.
Quels sont les noms de tes amis?

This is Ella when she was smaller.
She is playing with her friend Daisy.
What are the names of your friends?

Parfois Ella a un pique-nique avec ses amis les humains.

Que manges-tu quand tu fais un pique-nique?

Sometimes Ella has picnics with her people friends.

What do you eat when you go on a picnic?

Regardes qui fait l'idiot!

Que fais-tu quand tu fais l'idiot?

Look who is being silly!

What do you do when you act silly?

Ella aime jouer à des jeux aussi.

Parfois, elle joue où deux équipes tirent d'une corde.

Ella likes to play games too.

Sometimes she plays a game called *Tug-Of-War*.

Voici Ella joue un autre jeu.
Elle doit trouver la main qui tient la friandise.
Peux-tu l'aider à trouver la friandise?

Here is Ella playing another game.
She has to find the hand that holds her treat.
Can you help her find the treat?

Ella est une bonne danseuse.
Comment danses-tu?

Ella is a good dancer.
How do you dance?

Parfois Ella aime juste se reposer et mâcher son os ...

Sometimes Ella just likes to rest and chew on her bone...

et parfois elle joue avec un ballon.

and sometimes she plays with a ball.

Ella aime donner des bisous aux personnes ...

Ella likes to give kisses to people...

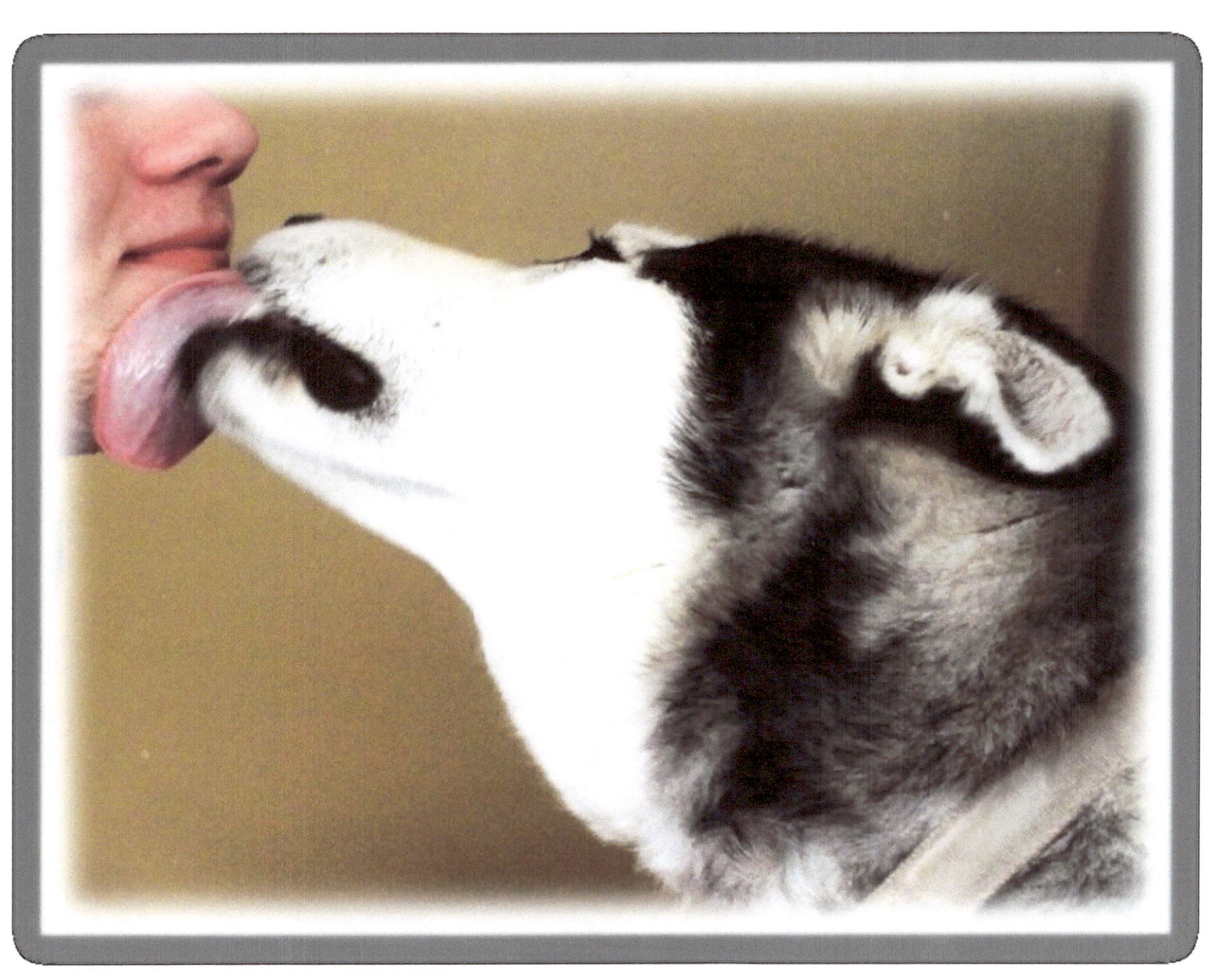

avec sa longue langue!

with her long tongue!

Ella aime serrer les gens.

Ella likes to hug people too.

Aujourd'hui Ella va pour une balade dans la voiture.

Oh non! Elle ne porte pas de ceinture de sécurité!

Today Ella is going for a ride in the car.

Oh no! She is not wearing a seat belt!

Quand elle rencontre de nouvelles personnes, Ella donne sa patte ...

When she meets new people, Ella shakes with her paw...

et elle donne la patte
quand elle est excitée.

and she gives a
"*high five*" when
she is excited.

Tu serres la main ou tu donnes la patte?

Sais-tu comment on en " tape cinq "?

Do you shake with a paw or with a hand?

Do you know how to give "*high fives*"?

Il a été une journée très occupée pour Ella.

It has been a very busy day for Ella.

Mais attendez ... où est-ce qu'elle va?

But wait...where is she going?

Voici Ella! Elle regarde par la fenêtre.

Ella pense à toutes les choses
qui vont la garder occupé demain.

Here is Ella! She is looking out the window.

Ella is thinking about all of the things
that will keep her busy tomorrow.

Ella la petite chienne

Ella the Doggy

Si vous avez aimé « La journée chargée de la petite chienne »
j'apprécierais vos commentaires sur Amazon.
Ce qui aidera également d'autres familles à apprendre sur Ella, la petite chienne!

Aussi, n'oubliez pas de chercher les autres livres d'Ella!

If you enjoyed "Doggy's Busy Day," I would very
much appreciate your leaving a review with Amazon.
This will help other families learn about Ella the doggy too!

Also, don't forget to look for Ella's other books!

Merci!   Thank you!

Ella (la petite chinne) et Jayne (l'auteur)

Ella (the doggy and Jayne (the author)

www.ingramcontent.com/pod-product-compliance
Lightning Source LLC
Chambersburg PA
CBHW050757110526
44588CB00002B/31